AF325218

LES NOCES D'ARGENT

DE

M. L'ABBÉ A. ORLIAGUET

Chanoine honoraire de Tulle

ARCHIPRÊTRE

CURÉ DE St-MARTIN DE BRIVE

CÉLÉBRÉES LE 21 MAI 1889

BRIVE

Imp. Verlhac et Fils, rues de Carbonnières et Gambetta

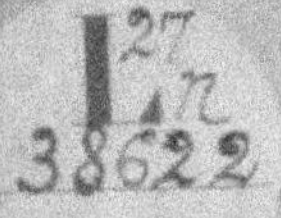

J. M. J.

——

LES NOCES D'ARGENT

DE

M. L'ABBÉ A. ORLIAGUET

Chanoine honoraire de Tulle

ARCHIPRÊTRE

CURÉ DE St-MARTIN DE BRIVE

——

CÉLÉBRÉES LE 21 MAI 1889

——

BRIVE

Imp. veuve Verlhac et Fils, rues de Carbonnières et Gambetta.

LES NOCES D'ARGENT

DE

M. l'abbé A. ORLIAGUET

CHANOINE HONORAIRE DE TULLE

Archiprêtre

Curé de St-Martin de Brive

Célébrées le 21 mai 1889

I

Brive a le secret des belles fêtes parce qu'ici, mieux peut-être que partout ailleurs, on sait honorer la vertu, apprécier le mérite, reconnaître le dévouement. C'était du moins la pensée de tous et de chacun le mardi, 21 mai 1889.

Ce jour là, M. Orliaguet, archiprêtre de Brive, célébrait le 25ᵉ anniversaire de sa première messe. L'amitié et la reconnaissance ne pouvaient laisser passer ce jour inaperçu. Qui, le premier, eut la pensée de faire des noces d'argent, en attendant des noces d'or ? On ne saurait le dire, tant le projet en fut accueilli avec un empressement unanime. Au même instant, le mot en fut sur toutes les lèvres parce que le désir en était dans tous les cœurs.

Aussitôt un petit comité s'organise, et tout se prépare discrètement pour le matin du grand jour. On voulait une fête, pour ainsi dire toute de famille, et à laquelle seraient seulement invités les prêtres de la ville de Brive, ceux du canton et ceux de Laguenne, ses compatriotes. Ces derniers tinrent à honneur de lui offrir sa première mosette de chanoine ; ils sont toujours heureux de lui donner une nouvelle marque de leur respectueuse affection. Mais c'était compter sans les nombreux amis de M. Orliaguet. Sans autre invitation que celle de leur cœur, ils accoururent de toutes parts ; donnant pour prétexte ou pour excuse qu'il y a des noces d'argent qu'on ne peut célébrer dignement qu'avec le concours et l'éclat des noces d'or.

II

A la tête de cinquante prêtres, M. l'abbé Breton, supérieur du Petit-Séminaire, vient recevoir M. l'Archiprêtre à la porte de l'église. Il lui présente un magnifique bouquet en argent et lui dit :

Monsieur l'Archiprêtre,

Je vous offre ce bouquet au nom de vos paroissiens et de vos amis. Il est l'expression des vœux que nous formons pour vous, du bien que vous avez déjà fait et des espérances que vous donnez.

M. l'Archiprêtre lui répond à peu près en ces termes.

Monsieur le Supérieur,

En recevant ce bouquet, je ne cache pas mon émotion, mais je veux traduire surtout ma reconnaissance.

Je sais de quelles sympathies fraternelles et filiales il est l'expression. Le recevoir de vos mains lui donne à mes yeux un prix que je ne dirai pas, mais que votre cœur devinera facilement.

III

Nous entrons dans l'église décorée avec autant de richesse que de goût. Elle est déjà remplie par les délégations des communautés religieuses de la ville, et par la foule des fidèles qui se pressent, heureux d'avoir à remercier l'*Auteur de tout don*, de tant de bienfaits reçus, et empressés de solliciter, pour l'avenir, la grâce de Dieu qui soutient et féconde les labeurs du zèle sacerdotal.

La messe est chantée par les enfants des Frères des Écoles Chrétiennes. Sous l'intelligente direction de M. Caron, ils nous donnent l'illusion d'une maîtrise de cathédrale. Leurs voix fraîches encore et déjà puissantes, exécutant, de la tribune, le 1er ton de Dumon produisent un mélange de charme et de grandeur du meilleur effet. Au *Sanctus*, l'âme se recueille. Pour aider la prière, un chant, — j'étais tenté d'écrire une voix — s'élève suave, pénétrant, presque divin.

On le dirait vraiment venu du ciel... C'est M. Eyrolles, le violoniste dont l'éloge n'est plus à faire, qui a bien voulu nous donner ce jour-là un de ses meilleurs morceaux. Ceux qui ont le plaisir délicat de l'entendre à nos grandes solennités, savent combien cet artiste de haute école sait donner à son jeu d'ampleur aussi bien que de souplesse, de suavité et de sens chrétien.

A la fin de la messe, de nombreux enfants, une centaine environ, habillés comme des anges et ravissants comme eux, précèdent M. l'Archiprêtre qui se rend à la sacristie ; sur son passage, ils jettent à pleines mains les roses de leur corbeille ou de leur grand bouquet. Ailleurs le ministère paroissial rencontre souvent des épines. Ici, on veut que M. l'Archiprêtre ne marche que sur des fleurs.

IV

Le diner a eu lieu, à midi, dans la grand'salle de la Providence décorée simplement mais avec grâce. A la fin du repas, où a régné la plus franche cordialité, M. l'abbé Breton, supérieur du Petit-Séminaire de Brive, a pris le premier la parole, avec cette aisance mêlée de grandeur qui le distingue :

Monsieur l'Archiprêtre,

La parole est d'argent et le silence est d'or. La parole est donc plus que le silence en rapport avec la fête que nous célébrons aujourd'hui : voilà mon excuse, si vous pensiez que je devais me taire.

Du reste, M. l'Archiprêtre, ne craignez pas que je vous fasse entendre des vérités trop lourdes à porter. Parmi les dons nombreux que Dieu vous a faits, se trouve le tact exquis de la mesure en toutes choses. Quand on a, comme vous, la faculté rare de lire dans les âmes, on préfère les cœurs qui se laissent deviner à ceux qui s'étalent. Je ne veux donc pas vous ôter le plaisir de découvrir les pensées et les sentiments qu'ont à votre sujet les amis qui vous entourent. Toutefois, comme vous pourriez n'avoir pas tout à fait la clef nécessaire pour déchiffrer cette langue, je dois vous dire : qu'il vous a suffi de deux ans pour persuader à vos paroissiens, au clergé du diocèse que, si Monseigneur vous a élu, la Providence vous avait appelé à la cure de St-Martin de Brive.

Je bois à votre passé et à votre avenir.

Des applaudissements prolongés ont couvert ces paroles et montré qu'elles étaient bien l'expression des sentiments de tous.

Après M. le Supérieur du Petit-Séminaire, M. l'abbé Billière, curé de Malemort, a pris la parole au nom des curés du canton de Brive.

Monsieur l'Archiprêtre,

Sans autre titre que celui de ma vétusté — personne ne me l'enviera ! — je dois prendre la parole pour dire le bien que vous avez fait à Brive, et les espérances plus grandes encore que vous faites concevoir.

Lorsque, il y a trois ans, l'église de St-Martin de Brive perdit le vénéré pasteur qui l'administrait depuis près d'un demi siècle avec un zèle si charitable et de si légitimes succès, l'inquiétude fut grande. Qui pourrait remplacer dignement l'abbé Broquin ?...

Pendant dix mois, l'église de St-Martin, la plus importante du diocèse, demeura veuve de son pasteur. Les négociations pour lui donner un successeur devenaient de plus en plus difficiles et menaçaient de se prolonger... Mais sur votre nom, M. l'Archiprêtre, tous les obstacles tombèrent, toutes les difficultés furent aplanies... Monseigneur pouvait vous présenter à la ville de Brive en disant qu'il lui donnait le pasteur *fidelis et prudens*, habile aux grandes œuvres, autant que fidèle dans le bien...

Pour nous, nous répétions dans notre joie le mot du poète :

> ...*primo avulso non deficit alter.*

Aureus

Voilà deux ans, M. l'Archiprêtre, que nous vous voyons à l'œuvre. Nous savons ce que vous êtes pour votre paroisse, et nous en bénissons Dieu. Nous savons surtout ce que vous êtes pour chacun de vos confrères : un ami sûr et dévoué...

Nous sommes heureux que la Providence nous ait ménagé aujourd'hui une si belle occasion de vous exprimer publiquement les sentiments de profonde reconnaissance et de respectueux dévouement dont nous sommes tous pénétrés pour vous.

Puissiez-vous célébrer après vos noces d'argent, vos noces d'or, et même celles de diamant !

Ces quelques mots dont nous ne pouvons donner qu'une très imparfaite analyse, ont été improvisés avec un bonheur facile à M. Billière et dits avec une émotion à peine contenue qui a gagné tous les cœurs.

M. l'abbé Gilet, curé d'Yssandon, vient ensuite se faire l'interprète des sentiments de ses compatriotes.

Messieurs,

Vous ne serez pas surpris que dans cette fête de

famille, un prêtre de Laguenne, au nom de ses jeunes amis, vienne mêler sa voix et l'expression de ses vœux aux paroles si délicates que vous venez d'entendre.

Il y a deux ans, M. l'Archiprêtre, avec une modestie qui l'honore, semblait demander à son évêque quelques années pour répondre aux espérances qu'on fondait sur lui. Ses amis — et nous sommes nombreux, messieurs — en applaudissant à un choix heureux, savaient bien que l'épreuve du temps ne lui serait pas nécessaire. Les sympathies dont il s'est vu entouré dès la première heure lui garantissent les succès de son ministère, et nous donnent, à nous, le droit de bénir Dieu, et d'être heureux et fiers.

Messieurs, en assistant à cette manifestation, aussi générale que spontanée, nous ne formons tous qu'un même vœu, c'est que M. l'Archiprêtre jouisse long-temps de ces triomphes pacifiques ; c'est que dans vingt-cinq ans, nous nous retrouvions ici, témoins de cet enthousiasme religieux qui honore le pasteur et les fidèles. Mais vous ne trouverez pas mauvais, et M. l'Archiprêtre, qui fut toujours pour chacun de nous l'ami discret et le sage conseiller, acceptera bien que les prêtres de Laguenne ne soient pas les derniers à formuler ce vœu.

Aucune reconnaissance ne veut rester muette à pareil jour. M. l'abbé Gratadoux 1er vicaire de St-Martin, parle en son nom et au nom de ses deux confrères.

Monsieur l'Archiprêtre,

Vos vicaires ne veulent pas que cette touchante fête se termine sans qu'ils vous aient dit une fois de plus les sentiments qui les animent à votre égard.

M. l'Archiprêtre, vous possédez entièrement nos cœurs ; vous pouvez compter sur tout notre dévouement.

Comment pourrions-nous vous ménager notre affection et notre reconnaissance ? N'êtes-vous pas pour nous le meilleur des pères, ne pouvons-nous pas dire en toute vérité, lorsque nous franchissons le seuil du presbytère, que nous entrons chez nous ?

Il n'y a pas longtemps, une personne qui avait vécu au milieu de nous vous écrivait : « J'ai rarement vu un intérieur aussi uni que le vôtre ! » Nous retenons cet éloge, du reste très juste, parce que vous êtes l'âme de cette union. Oui, nous sommes unis parce que vous qui êtes à notre tête, vous ne cessez de nous donner l'exemple d'une grande charité, d'une grande prudence, d'un grand dévouement.

M. l'Archiprêtre, vous avez obtenu un résultat qui est une véritable gloire : vous avez su transformer l'épreuve du vicariat en une véritable jouissance, si bien que nous faisons des vœux pour qu'on nous laisse le plus longtemps possible auprès de vous.

Donc, M. l'Archiprêtre, *ad multos annos* pour le bonheur de la paroisse, de vos parents, de vos amis ; *ad multos annos* pour le bonheur de vos vicaires.

Enfin, M. l'abbé Mons, le Benjamin de la Famille sacerdotale de St-Martin, a lu cette belle pièce de vers.

> Le prêtre a, dans sa vie, un grand anniversaire,
> C'est le jour qu'il franchit le seuil du sanctuaire,
> Le jour qu'il fit à Dieu son serment éternel.
> C'est le jour qu'investi d'une majesté sainte,

Tressaillant dans son cœur d'allégresse et de crainte,
Comme prêtre, il monta les degrés de l'autel.

   Ce jour, que, sur la terre, aucun autre n'égale,
Vous le fêtez, après vingt-cinq ans d'intervalle.
La date en sera chère à votre souvenir:
C'est, dans votre existence, une halte sacrée,
Par des ans de labeurs longuement préparée;
C'est un gage assuré d'espoir pour l'avenir.

   Dès ses plus jeunes ans, Dieu prépare le prêtre.
Il lui montre, d'abord, ce qu'un jour il doit être,
Puis il séduit son cœur aux charmes de sa voix.
Vous étiez un élu marqué pour sa milice,
Et, comme Samuel, quand l'heure fut propice
A votre ame d'élite il fit part de son choix.

   Lorsqu'Il vous eut choisi, Dieu dit à son Église:
«Ce prêtre a ma bonté, dans son cœur je l'ai mise.
»J'ai mis à sa couronne une perle, un fleuron:
«Le fleuron du savoir et la perle du zèle.
»Il aura les talents du serviteur fidèle
»Qui répand la semence et mûrit la moisson.

   L'Église répondit, comme une heureuse mère:
«Je vous ouvre, ô mon fils, ma divine carrière;
»Puisque Dieu, dans son choix, vous a prédestiné,
»Entrez, comme un vaillant champion de ma défense,
Prêtez-moi le concours de votre intelligence,
»Par vos œuvres bientôt vous serez discerné. »

   Vous avez débuté sur la foi des présages,
Et vos débuts vous ont fourni de nouveaux gages
Pour honorer, plus tard, tous les rangs du clergé.
Professeur, vos leçons déjà vous signalaient:
Vos élèves dès lors, prophètes, vous marquaient
Un rang auquel, vous seul, vous n'aviez pas songé.

Trop tôt vous renoncez aux chaires de l'école;
Mais la chaire sacrée entend votre parole.
Au bien d'une paroisse on applique vos soins.
Nul n'a mieux accompli ce pieux ministère;
Ayen et Chameyrat vous pleurent comme un père;
Partout de vos succès vous laissez des témoins.

Quand l'estime de tous ainsi vous fut acquise,
Saint-Martin vit mourir l'ange de son église.
Brive, après le défunt, qui sera votre élu ?
Le diocése attend son nom comme un oracle.
Prononcé, votre nom aplanit tout obstacle.
Le Ciel avait sur vous jeté son dévolu.

Sans pasteur, votre église un moment désolée
Se trouve de son deuil aujourd'hui consolée.
C'est un fait que tout Brive atteste avec bonheur;
Pendant que, dans le ciel, vos œuvres sont inscrites,
Autour de vous chacun raconte vos mérites,
Chacun se montre fier d'avoir un tel pasteur.

Dans son champ, Dieu vous trace une part noble et
[large.]
De son plus beau troupeau votre évêque vous charge ;
Sans doute, le travail aux bonneurs est uni.
Vous portez le fardeau des œuvres difficiles,
Mais aux œuvres de Dieu mettez vos mains habiles:
Entreprendre, pour vous, c'est avoir réussi.

Pour vos noces d'argent, feuilletant votre histoire,
Puissé-je dans ces vers en graver la mémoire !
J'exprime, en terminant, les sentiments de tous;
Condisciples, amis, paroissiens et confrères,
Nous formons tous pour vous les vœux les plus sincères
Que Dieu vous garde encor de longs jours parmi nous.

M. l'Archiprêtre profondément ému, on le voit, de
tout ce qu'il vient d'entendre, mais dominant très bien

son émotion, se lève au milieu d'un solennel silence. Avec cette facilité de parole qu'on lui connaît, ce mot toujours simple, toujours rigoureusement correct, ordinairement délicat, souvent profond, il répond à peu près en ces termes :

Messieurs,

Permettez-moi de vous remercier d'abord, moins de l'éclat que vous donnez à cette fête, je le redoutais un peu, que de la sympathie ouverte et large dont vous m'environnez. C'est pour moi un bonheur et une force. Des noces d'argent diffèrent essentiellement des noces d'or. Ces dernières, on l'a vu il y a peu d'années dans cette ville, pour mon vénéré prédécesseur, sont comme le couronnement d'une longue existence remplie par les vertus et les travaux du sacerdoce. On ne demande plus grand'chose à une vie, hélas ! trop près de finir ; mais les mérites acquis semblent l'être d'une manière définitive. Les noces d'argent, Messieurs, traduisent un ordre tout différent de vérités. Elles nous trouvent ordinairement dans la force de l'âge et de la vie. Si vous attirez aujourd'hui mon regard sur un passé déjà long, moi que votre amitié trop bienveillante a dépeint sous des couleurs trop flatteuses, j'ai l'impérieux devoir de considérer le redoutable avenir. Dieu peut en rétrécir ou en étendre les limites, mais je n'ai pas le droit de dire que mon travail est fini. C'est pour ce travail, Messieurs, que vous m'êtes une force précieuse, et par l'amitié si fidèle dont vous m'honorez, et par le concours si utile que vous accordez fréquemment à mon ministère. Ma reconnaissance n'est pas aveugle en allant à vous, monsieur le Supérieur, qui dirigez avec un zèle si intelligent, entouré de la sympathie, et soutenu par les éloges de tous, une maison qui fut la mienne, et où vous me permettez de me croire toujours chez moi. Merci à M. le curé de Malemort et à tous les chers confrères dont il a exprimé les vœux à mon égard, aux prêtres de Laguenne que je suis heureux et fier de voir réunis autour de moi : ils savent mon affection pour eux, comme je connais celle qu'ils me donnent ; un lien nouveau, si c'est possible, nous attache aujourd'hui. Je ne surprendrai personne, n'est-ce pas, en disant tout le bonheur que j'ai éprouvé à entendre mes jeunes collaborateurs m'exprimer d'une manière si remarquable des sentiments que je connais très bien car ils me les témoignent tous les jours.

Messieurs, nous sommes cinquante dans cette réunion fraternelle ; il m'est bien doux d'ajouter *sicut fratres in unum*, sans qu'une exception quelconque gène ma parole. Je ne crois pas qu'il me soit possible de trouver une expression meilleure à mes remerciements et à ma reconnaissance.

V

La fête touche à sa fin. A sept heures et demie, la cloche nous appelle pour la dernière cérémonie de la journée. L'église envahie longtemps à l'avance, est remplie de fidèles plus pressés encore qu'à la grand messe. L'illumination est splendide. Les décorations préparées avec tant de soin et disposées avec tant d'art

ar des mains dont tout le monde connait ici l'adresse
t la générosité, paraissent dans tout leur éclat. Ce
que la ville compte de voix cultivées — et elles sont
nombreuses — a voulu se joindre au chœur de canti-
ques de la paroisse pour faire entendre des chants
exécutés avec un rare talent et une harmonie re-
marquée.

M. l'Archiprêtre monte en chaire. Nous regrettons
de ne pouvoir donner qu'une analyse bien infidèle de
son allocution qui révèle une âme si profondément
sacerdotale.

Mes frères,

En ce jour où il m'est donné de vous ouvrir mon
cœur, je ne puis m'empêcher de vous dire combien a
été vive mon émotion en entendant les vœux que vous
avez faits pour moi, et en recevant les sentiments de
gratitude que vous m'avez témoignés avec tant d'empressement et de joie. Ces démonstrations flatteuses
n'auront pas peu contribué à relever mon courage, à me
faire apprécier les bonnes dispositions de vos âmes, à me
faire espérer que je pourrai continuer à leur faire du bien.
Grâces en soient rendues à Dieu. Il voit mon cœur, il
voit vos intentions. Qu'il vous rende au centuple les
douces joies, les saintes consolations que vous avez
fait éprouver en ce jour à votre pasteur.

Vous avez en moi un ami et un père. Comptez que
notre dévouement ne vous manquera pas plus que notre
tendresse. Un cœur de prêtre n'est-il pas un cœur de
charité ? Et le prêtre par excellence, le divin Rédemp-

teur, n'était-il pas l'amour éternel habitant parmi les hommes ? Comme le dit St-Jean, *n'avons-nous pas tous reçu de sa plénitude ?* Nous n'ignorons pas de quel esprit nous sommes, et nous voulons vous communiquer les dons de Dieu avec cette mansuétude évangélique qui caractérise les envoyés du Seigneur. A nos yeux, comme aux yeux de l'apôtre, il n'y a plus ni Juif ni Gentil. Vous êtes tous les membres d'une même famille. Nous ne pouvons voir en vous autre chose que ce que vous êtes en Notre Seigneur Jésus-Christ. Aussi notre voix veut-elle demeurer une voix amie, écoutée de tous, nous l'espérons, avec une religieuse docilité, car nous ne ferons jamais entendre que le langage de l'Évangile. L'unique influence dont nous soyons jaloux c'est celle qui vous fera chrétiens, qui vous rendra meilleurs, qui vous portera à vous aimer les uns les autres de cet amour dont notre Sauveur nous a offert un si parfait modèle.

Au milieu de vous nous n'avons pas à craindre un ministère infructueux. Le passé nous répond de l'avenir. En deux ans, nous avons pu connaître et apprécier votre pieuse fidélité à garder le sacré dépôt de doctrine et de traditions que vous avez reçu de vos pères. Combien notre cœur est édifié et réjoui de voir que cette paroisse où la vérité chrétienne a jeté de si profondes racines, se couvre encore des mêmes fruits qui lui valurent une si pure renommée de ferveur catholique ; que la charité, compagne inséparable de la vraie foi, y multiplie ses œuvres sous toutes les formes avec une inépuisable fécondité ; que les vicissitudes politiques n'ont pas refroidi en vous ce zèle évangélique, altéré cette constitution morale, ce tempérament chrétien, santé des âmes, et véritable force d'un peuple ; qu'enfin nous retrouvons parmi vous, au milieu des perfectionnements et des prospérités de la vie matérielle, cette simplicité des mœurs, ce culte du foyer domestique, ces coutumes hospitalières, ces habitudes religieuses, ce respect des choses divines et du ministère sacré qui embellissent toujours la paroisse profondément catholique.

Nous sommes heureux d'applaudir à votre pieuse émulation, pour l'ornementation du lieu saint et le maintien des œuvres de charité... Nous vous exhortons avec l'Apôtre à bannir *d'entre vous toute malice et à faire triompher dans vos cœurs l'amour de Jésus-Christ.*

Que nous reste-t-il sinon à appeler les regards de Marie sur notre ministère au milieu de vous ? C'est sous ses auspices que nous l'avons inauguré ; c'est à ses pieds que nous déposons l'hommage des succès obtenus, c'est sous sa protection maternelle que nous voulons mettre nos efforts dans la poursuite du bien, objet commun de nos désirs.

Nous n'essaierons pas de dire l'effet produit sur l'auditoire par ce langage d'un autre temps et de la simplicité la plus sublime. On reconnaissait dans sa parole comme dans sa conduite le prêtre révélant les secrets de sa grande âme, et l'appelant à juger devant Dieu de la pureté et de la noblesse des intentions de son zèle sacerdotal.

Les chants reprennent plus attendris. La bénédiction du Saint-Sacrement est donnée par M. l'Archiprêtre à son peuple incliné sous la main de Celui qui écoute toutes les prières du cœur, mais qui, en ce jour, aura plus particulièrement exaucé les vœux que des fils reconnaissants ont formés pour un père aimé, et désormais plus cher.

Puis les lumières s'éteignent une à une et comme à regret, lentement. Chacun se retire impressionné de tout ce qu'il lui a été donné de voir, d'entendre, de goûter durant cette journée trop courte, hélas ! mais si bien remplie et dont le souvenir restera à jamais impérissable dans la paroisse de Saint-Martin de Brive.

VI

Quelques jours après, Paris faisait écho à Brive, et, sous ce titre : *Une Manifestation*, l'*Univers* rendait compte de notre fête dans l'article suivant, reproduit par la *Semaine Religieuse* de Tulle :

« Il ne faut pas désespérer de l'avenir d'un peuple en qui vivent toujours le sentiment et l'amour du vrai et du juste ; il peut s'égarer un instant, mais il reviendra. Des signes visibles, éclatants, montrent que dans les cœurs français l'amour de la vérité et de la justice n'est pas encore éteint.

Le 21 mai, M. l'abbé Orliaguet, transféré, depuis deux ans, de la cure d'Ayen à la cure archiprêtré de St-Martin de Brive, célébrait pieusement, au milieu d'un grand concours de fidèles et de prêtres, le vingt-cinquième anniversaire de sa première messe.

Ce digne prêtre, longtemps professeur de belles-lettres au petit-séminaire de Brive, puis successivement curé de Chameyrat et d'Ayen, a succédé, après d'interminables négocia-

tions, qui laissèrent durant dix mois la paroisse de St-Martin,
la plus importante du diocèse, veuve de son pasteur, au
vénérable abbé Broquin qui avait, pendant plus de quarante-
trois ans, si louablement gouverné son troupeau, et l'avait,
par son zèle et sa charité, doté de tant d'institutions qui flo-
rissent encore.

Remplacer un tel pasteur, recueillir un tel héritage pour le
faire valoir, c'était, il faut en convenir, une entreprise diffi-
cile. Aussi, l'auteur de la nécrologie de l'abbé Broquin a dit,
dans l'*Univers*, qu'il souhaitait à son successeur, non pas de
le faire oublier, ce qui serait impossible et injuste, mais de ne
pas rendre plus vifs les regrets que ses paroissiens éprou-
vaient de ne l'avoir plus. Eh bien ! j'avoue que le sentiment
était exagéré. Il y a à peine deux ans que M. l'abbé Orliaguet
fait valoir l'héritage de son vénéré prédécesseur, et il n'a pas
dépéri. Au contraire, tombé en bonnes mains, il prospère et
s'accroît de jour en jour. Doué d'un esprit juste, d'un grand
sens, d'un zèle sincère et ardent, il gère bien les intérêts de
Dieu et de son église ; il est en possession de l'estime générale. Sa modestie, son affabilité, sa générosité lui ont gagné
les cœurs de tous ses paroissiens, qui sans oublier l'ancien
pasteur, se trouvent bien consolés et dédommagés de son
absence par la sollicitude pastorale, le zèle, les soins pater-
nels du nouveau.

La fête du 21 mai, manifestation spontanée, vive et char-
mante de la tendresse filiale et fraternelle, a dû grandement
réjouir son âme. Partout sur son passage il ne voyait que des
fleurs, des fronts joyeux et des figures sympathiques. A l'é-
glise, remplie et décorée comme aux jours solennels, plus
de 50 prêtres, unis aux fidèles paroissiens, demandaient au
Prince des pasteurs de lui rendre léger le lourd fardeau que
lui impose ce poste éminent, afin qu'il puisse le porter bien
longtemps et célébrer, comme son prédécesseur, ses noces
d'or et même de diamant.

Au banquet, qui ne laissait rien à désirer, et où n'a cessé

de régner la cordialité la plus aimable, plusieurs prêtres ont successivement élevé la voix pour dire, en prose et en vers, les sentiments et les vœux de tous pour le bien-aimé pasteur, qui, vivement ému, a remercié avec effusion, et dit en très bons termes ce qui convenait en cette circonstance.

V. B.

VII

Qu'il nous soit permis en terminant ce trop modeste compte-rendu de nous associer de nouveau aux prières, aux vœux ardents qui, au jour du 23 mai, étaient dans tous les cœurs et sur toutes les lèvres, et de répéter au vénéré et bien cher Archiprêtre, avec tout le monde, — nous voudrions pouvoir dire, mieux encore que tout le monde, puisque c'est à plus de titres — : *ad multos annos*, « aux noces d'or, aux noces de diamant ! »

P. S.